U. vorne	Eisfläche	52	Freyung, nächtliches Detail
4, 5	Eisfläche	53	Baum, Detail
6, 7	Totholz	54, 55	Baum, Detail
8, 9	Totholz	56, 57	Martinsklause, Pflanze, Detail
10, 11	Totholz		
12, 13	Wasserspiegelung	58	Pflanzenschatten an Baum
14, 15	Schutzgebiet	59	Baumkrone, Kerngebiet
16, 17	Kerngebiet	60, 61	Totholz mit Baumharz
18, 19	stehendes Wasser	62, 63	Wasserfläche mit Blütenstaub
20	Buchblatt, Lusenhänge		
21	Martinsklause	64	Freyung, Buchberger Leite, Pflanze, Detail
22, 23	Lusen, Winterweg		
24, 25	Eisfläche bei Kreuzberg	64, 65	Freyung, Buchberger Leite
26, 27	Holzhütte, Detail	66, 67	Weg, Detail
28, 29	Eisfläche	68	Waldkirchen, Weg, Detail
31	Glasarche, Lusensteig	69	Kerngebiet
32	Glasdetail, Brücke über die Nationalparkstrasse	70, 71	Pflanzenschatten, Detail
		72, 73	Waldhäuser, Abendstimmung
33	Eisfläche		
34, 35	Weg zur Großen Kanzel	74, 75	Filzen, Stein, Detail
36, 37	Pflanzenwuchs, Totholz, Detail	76, 77	Gräser
		78, 79	Buchen
38, 39	Hauzenberg, Granitmuseum, Fassadendetail	80, 81	Eisfläche
		82, 83	Lusensteig
40, 41	Pflanzenstrukturen hinter Glas	U. hinten	Martinsklause, Eiskristalle
42, 43	Martinsklause		
44	Freyung, Buchberger Leite, Detail		
46, 47	Eisfläche		
48, 49	Wasserfläche		
50, 51	Pflanze, Detail, hinter Glas		

© edition Lichtland
Stadtplatz 4, 94078 Freyung, Deutschland
Grafische Gestaltung u. Satz: Edith Döringer
1. Auflage 2020, ISBN: 978-3-947171-17-0
www.lichtland.eu

Des Menschen Seele
Werden und Sein im Spiegel der Natur

Klaus Plab

Inhalt

Inneres Erwachen 4

Frühling 18

Sommer 48

Herbst 56

Winter 62

Neues Erwachen 72

Inneres Erwachen

Über Jahrhunderte war es für den Menschen[1] Befreiung, sich mit seinem Geist über den leidenden und schließlich sterbenden Körper hinwegsetzen und erheben zu können, auch in der Hoffnung, die Seele möge ihn überleben.

Unter dem Einfluss der aufkeimenden Neurowissenschaften begann im 19. Jahrhundert ein Prozess des Reflektierens und Hinterfragens dieser Position, und seit Sigmund Freud steht die Lehrmeinung im Zentrum der Forschung, das Unbewusste beherrsche des Menschen Tun und Sein und das Ich des Menschen sei ein Körperliches. Damit begann auch das fruchtbare Zeitalter des Nachdenkens über die Beziehung des Menschen zu seiner Umgebung, über die wichtige Bedeutung der sozialen Umgebung für uns Menschen.

Die psychoanalytische Theorieforschung lehrte uns in der Folge, dass wir alle zwar letztlich den gleichen biologischen Gesetzen des Werdens und Seins unterliegen, dass aber wir Menschen, mehr als andere Lebewesen, einer einzigartigen und hochspezifischen Entwicklung ausgesetzt sind. Diese wird ganz wesentlich von den Personen, die uns als erste versorgen und begleiten, geprägt und auch von der Atmosphäre, die uns zu Beginn unseres Lebens (und auch später) umgibt.

Wie für den Keimling eines Baumes ist es für uns notwendig, einen sicheren seelischen Nährboden, einem fruchtbaren Humus vergleichbar, vorzufinden, um

[1] Der Einfachheit halber sind in diesem Text mit der genannten männlichen Form immer die weibliche und die männliche Form zum Ausdruck gebracht.

Inneres Erwachen

erste Sprossen und Blätter entwickeln zu können. So wie ein Baum frühe Verletzungen in Deformationen des Stammes, der Äste und der Rinde zeigt, führen auch bei uns Menschen frühe Verletzungen möglicherweise zu Störungen des seelischen Wachstums mit psychischen und psychosomatischen Folgen: Wir erkranken an Seele und Körper.

Eine warme, einfühlsame, begrenzende und Sicherheit vermittelnde Beziehung ist Nahrung für die menschliche Seele.

Selbst widrige äußere Bedingungen wie Armut, Vertreibung oder Flucht können kompensiert werden, wenn die ersten Beziehungen zu Menschen in unserer Kindheit uns Sicherheit, emotionales Verstanden- und Angenommen-Werden und einen liebevoll umgebenden Raum für unsere seelische Entwicklung und Entfaltung geben können.

Anderenfalls aber steht einem kleinen Menschen ein manchmal schwieriges Dasein bevor, das ihm

Inneres Erwachen

absehbar Leid, seelischen und oftmals körperlichen Schmerz, schlimmstenfalls Straucheln oder gar Scheitern auf dem eigenen Lebensweg bringt.

Die ersten Lebensjahre schaffen das seelische Fundament, um später – wie auch der Baum – Stürme, raue klimatische Einflüsse und Zeiten des Mangels überstehen zu können, und meist trägt das Fundament in ausreichendem Maße.

Fehlen aber diese Grundlagen, können neben der Vielzahl seelischer Erkrankungen auch körperliche Erkrankungen auf diese Versäumnisse der seelischen Entwicklung hinweisen, vielfältig sind die Ausdrucksmöglichkeiten der Seele, jedes Organ kann seelisches Leid anzeigen. Freilich besteht kein Grund zum Pessimismus, gibt es doch keinen Menschen, der eine optimale Entwicklung durchlaufen hat, und dies zeichnet uns auch aus. So wie jeder Baum, jede Pflanze, ihren eigenen Wuchs und eine eigene Form hat, so unterscheiden auch wir uns im Seelischen und Körperlichen, und meist machen die Besonderheiten der Entwicklung auch unsere seelischen und sogar körperlichen Besonderheiten aus, prägen unsere Persönlichkeit, unseren Charakter. Hat die Entwicklung der Seele jedoch dazu geführt, dass Leid und Leiden auftreten, gibt es heute umfangreiche Möglichkeiten der Behandlung und der Hilfe.

Inneres Erwachen

Sind die Wurzeln des Baumes schwerer geschädigt, ist dieses Defizit auch schwerer korrigierbar. So verhält es sich auch mit den seelischen Wurzeln des Menschen: Wuchs und Entwicklung und weiteres Leben bleiben von den frühen Schäden und Entbehrungen beeinflusst und bedürfen dann in diesem Falle der besonderen Sorge und einer heilsamen Behandlung.
Ist unser (inneres) Wachstum bereits früh beschädigt worden und kommen unter ganz ungünstigen Bedingungen dann später noch weitere Schäden hinzu – Traumatisierung, Missbrauch, eine konflikthafte Entwicklung, Lebensbelastungen – so liegt es auf der Hand, dass eine weitere Störung der Entwicklung und weiteres Leiden stattfinden.

Ein Baum mag an einem Sturm zu Grunde gehen, ein Mensch im schlimmsten Falle auch, meist aber wird er depressiv oder spürt massive Ängste, die ihn in seiner Lebensführung erheblich beeinträchtigen. Je nach Besonderheit der individuellen konflikthaften Entwicklung zeigen sich Störungs- und Erkrankungsbilder, die dem Einzelnen das Leben und vor allem die Beziehungen zu anderen Menschen schwermachen. Anders als bei einem ausgewachsenen Baum jedoch, gibt es vielfältige Ansätze der Behandlung, die hier, wie oben ausgeführt, hilfreich sein können.

Inneres Erwachen

So haben wir gegenüber dem Schicksal eines Baumes auch einen maßgeblichen Vorteil:
Wird der Baum verletzt oder wächst unter ungünstigen Bedingungen auf, so hat er nur sehr begrenzte Möglichkeiten, zu reagieren.
Wird ein Mensch verletzt, oder entsprechen die existenziellen Bedingungen nicht seinen Bedürfnissen, steht ihm ein ganzes Register an Gefühlen zur Verfügung, die ihm wie Signallampen anzeigen, dass er sich in einer unguten Situation befindet und handeln muss.
Das Gefühl des Ärgers weist uns darauf hin, dass wir nicht gut behandelt werden. Das Gefühl des Ekels zeigt an, dass wir etwas loswerden wollen, und das Gefühl der Angst lässt uns vorsichtig werden. Allerdings gilt es, dieses Signalsystem für sich verstehen und nutzen zu lernen - eine lebenslange Aufgabe. Und manchmal eben bedarf diese Aufgabe auch professioneller Begleitung.

Aus meiner Liebe zur Landschaft des Bayerischen Waldes[2] und aus Zuneigung zu den aufrichtigen,

---

[2] Hier entstand auch das Bildmaterial für dieses Buch.

Inneres Erwachen

erprobten und zugleich beziehungsoffenen Menschen dieser vielleicht schönsten deutschen Region, wurde die Idee geboren, einem Bilderbogen der Natur Gedanken zum Werden und Sein der Seele an die Seite zu stellen.

Die Buntheit, Vielfalt und Stärke einer Natur, die harten klimatischen Faktoren ebenso trotzt wie dem Borkenkäfer, haben die Aufrichtigkeit, den Stolz, die Kraft und das Selbstbewusstsein der Bewohner seit Generationen beeinflusst. Bedingt durch die harten Vorgaben der Natur an ihre Existenz eine Kraft verinnerlicht, die sie Aufgaben bestehen lässt, an denen Großstadtmenschen manchmal scheitern mögen. Zudem tragen sie oftmals größere seelische und körperliche Lasten als Menschen anderenorts.
Nicht ohne Grund sind „Waidler" Fremden gegenüber manchmal vorsichtig. Darin steckt auch die Vorsicht, die aus der Befürchtung entspringt, im Vergleich mit der Kultur der Großstadt unterliegen zu müssen.

Inneres Erwachen

Diese zurückhaltend-sympathische Grundhaltung ist unbewusst Teil der Kultur dieser Region geworden und schmälert die Wertschätzung dieses wunderbaren Lebensraumes und seiner vielfältigen Möglichkeiten in keiner Weise – wissen die Menschen hier doch genau, dass gerade die Stadtbewohner sich dieser wunderbaren Landschaft immer mehr zuwenden und sich ein Leben dort ersehnen.

Über die fotografische Darstellung der Natur zum Nachdenken über die menschliche Seele zu gelangen, sich von den Abbildungen der Natur zum Verstehen der Entwicklungen der Seele inspirieren zu lassen, möge Ziel dieses Buches sein[3].

---

[3] Es hat sich dem interessierten Leser sicherlich nicht verborgen, dass der Autor psychoanalytisch orientiert ist. Wenngleich sich in der Psychotherapie auch kognitive Strömungen und Therapieinterventionen als ebenso hilfreich erweisen, bietet sich doch die psychodynamische Analogie zwischen Natur und Menschwerdung nahezu an. Gerade sie erlaubt auch die lustvolle Verbindung zwischen dem Nachdenken über das Werden in der Natur und im Menschen.

Inneres Erwachen

Wenn seine Leser sich eingeladen fühlen, in der jeweiligen Jahreszeit einen meditativen Spaziergang in der Natur zu unternehmen, über das (eigene) Leben nachzudenken und Entdeckungen zu machen, die dieses Nachdenken beflügeln – sei es ein keimendes Blatt, eine vernarbte Rinde oder ein sterbender Baum – so hat dieses Buch seine Aufgabe erfüllt.
Es kann Anlass sein, in sich zu blicken, sich und die eigene Geschichte besser zu verstehen und zu erkennen.

Mögen wir achtsam und bewusst sein für uns selbst, für unsere Umgebung und für unser Eingebettet-Sein in die Natur.

Frühling

Frühling

Aus einer Vielzahl von Samen gelingt es wenigen, ein Keimling zu werden, und diese überleben nur, wenn sie über eine längere Zeit ausreichend gute Bedingungen erfahren.

So wie Wind, Nässe, Bodenbeschaffenheit und Lichtverhältnisse dazu beitragen, dass der keimende Baum auf eine einzigartige Weise aufwächst und geformt wird, so sind es auch die für jeden Menschen einzigartigen Umgebungsbedingungen, besonders aber die Beziehungen zu den ersten Bezugspersonen im Leben, die auf das innere (und damit auch auf das äußere) Wachsen und Reifen des kleinen Menschen einwirken.

Damit aber endet der Vergleich, denn was bereits vor der Geburt und erst recht danach auf die Menschenseele einwirkt und diese formt, ist wesentlich komplexer als die Abläufe in der Pflanzenwelt.

Frühling

Bereits vor der Geburt eines Menschen tragen dessen Eltern meist überwiegend unbewusste Einstellungen gegenüber dem späteren Kind mit sich. So rankt sich beispielsweise um die Findung des Namens unbewusst eine Vielzahl von Vorstellungen, die auf das innere Bild der Eltern von ihrem Kind hinweisen.

Forschungen haben gezeigt, dass das Bindungsverhalten von Müttern auf die spätere seelische Struktur des Kindes Einfluss hat. Auch die ersten Strukturen des Nervensystems, die später das Gehirn bilden, unterliegen dem Einfluss des Körpers, des Bewusstseins und insbesondere des unbewussten seelischen Erlebens der Mutter.

Frühling

Jede Mutter weiß über die Bewegungen ihres Kindes im Bauch zu berichten, und wie dieses sich einmal ruhig, einmal aufgeregt und unruhig verhält. Ebenso beschreiben und erleben die meisten Mütter schon in der Schwangerschaft unterschiedliche Gefühle, die nicht nur ihre Haltung gegenüber dem werdenden Kind, sondern auch das Kind selbst beeinflussen.

Diese Beschreibungen und Empfindungen sind von der eigenen Lebensgeschichte der Mutter, von ihrer Art, die Bewegungen des Kindes zu interpretieren und von ihren unbewussten Vorstellungen abhängig.

Auch der Einfluss des Vaters auf die Mutter in dieser Situation spielt hierbei eine Rolle.
Der Vater hat darüber hinaus eine besonders wichtige Funktion: Von seiner Haltung, die idealerweise Sicherheit für Mutter und Kind vermittelt, hängt beispielsweise ab, inwieweit Mutter und Kind sich auf eine ruhige Phase zu zweit einrichten können.

Frühling

Konflikte zwischen den Eltern und innere Konflikte der Mutter oder des Vaters können die Zeit vor der Geburt, die Geburt selbst und auch die Zeit danach für alle Beteiligten erschweren.

Eine junge, erstgebärende Mutter, nicht ohne Konflikte zu ihrem Mann, der in der Schwangerschaft nur wenig emotional zu ihr stand, berichtet in einer Kurzzeitpsychotherapie über anhaltendes, schweres Erbrechen in der Schwangerschaft, welches mehrfach mehrtägige, stationäre Aufenthalte zur Infusion und künstlichen Ernährung nötig machte.
In den leider erst gegen Ende der Schwangerschaft in Anspruch genommenen Stunden bei ihrem Therapeuten, wird dann deutlich, dass sie selbst sehr früh beide Eltern verlor, zudem von Verwandten zwar erzogen, aber nicht geliebt und nur mit dem Notwendigsten versorgt wurde.
Erst als ihr deutlich wurde, dass hinter schweren Schuldgefühlen eigentlich eine enorme Wut auf das zu gebärende und zu versorgende Kind verborgen war, und dies für die überforderte junge Frau eigentlich „zum Kotzen" war, beruhigte sich die Symptomatik und war nicht mehr erforderlich, um den schweren, inneren Konflikt in körperlicher Weise zum Ausdruck zu bringen.

Frühling

Um zu verstehen, was nach der Geburt folgt, müssen wir uns zunächst bewusstmachen, dass der neugeborene Mensch zwar alle wichtigen Organe besitzt, um nach seiner Abnabelung zu überleben, sein Nervensystem und sein Gehirn jedoch noch eine lange und komplexe Entwicklung vor sich haben.

Ist ein Mensch geboren, so äußert er seine – ihm noch lange nicht bewussten – Empfindungen wie Hunger, Kälte oder Schmerz mit den wenigen Ausdrucksmöglichkeiten, die ihm zur Verfügung stehen: Er schreit oder zeigt sie durch seine Motorik.

Allerdings nimmt der kleine Mensch, und dies ist ihm angeboren, sofort Kontakt mit den Menschen auf, die ihn versorgen. Dies ist ein entscheidender Mechanismus in der Entwicklung der Seele: Er löst bei den Bezugspersonen Gefühle aus, die – abhängig von der seelischen Struktur und der eigenen Geschichte dieser Personen – ihrerseits Handlungen auslösen. Dies wiederum verinnerlicht der Säugling, und nach und nach werden diese kleinen Beziehungsmuster in der Psyche und im Nervensystem des kleinen Kindes gespeichert und vernetzt – es bildet sich eine seelische Struktur. **Die Beziehungserfahrungen in den ersten Monaten des Lebens werden zur „Software" des Seelischen. Sie trifft auf eine wachsende, sich durch die Inschrift dieser „Software" bildende und prägende „Hardware" der Netze der Nervenzellen.**

Frühling

Diese Spiegelung des noch nicht bewusst erlebten inneren Befindens durch die Mutter oder die ersten Bezugspersonen, erzeugt ein ebenso unbewusstes inneres Selbstbild des Kindes.

Nach und nach entwickelt sich das Gefühl, ein „Ich" zu sein.

Dieses Gefühl, ein handelndes, überlegendes und kontrollierendes Wesen zu sein, ist einmalig und dürfte in dieser Dimension wohl nur uns Menschen möglich sein.

Es unterscheidet den Menschen von nahezu allen anderen Wesen in der Natur, selbst von höher entwickelten Tieren wie den Menschenaffen, denen ebenso ein Bewusstsein zugeschrieben werden kann.

Unzählige einfühlsame und spiegelnde Interaktions- und Beziehungserfahrungen prägen unser unbewusstes Erleben, unsere frühesten Gefühle und Affekte werden durch Beziehungserfahrungen benannt und in unsere „Hardware" eingeschrieben. So bilden sie letztlich die Basis des seelischen Lebens für die Zukunft, die Basis unseres Selbst.

Frühling

Dies erklärt, warum uns ein rein rationales oder intellektuelles Denken und Handeln nicht möglich sein kann.

Jeder Gedanke, jede Handlung und jede Wahrnehmung haben einen in der Tiefe verborgenen unbewussten Gefühlsanteil und gründen auf einem frühen, Beziehungsmuster[4].

Seit den Objektbeziehungstheorien, einer einflussreichen psychodynamisch-psychotherapeutischen Forschungsströmung der Jahrzehnte nach Freud, ist davon auszugehen, dass jedes dieser abgespeicherten, in sich abgeschlossenen frühen Beziehungsfragmente stets von einer unbewussten Empfindung begleitet ist. Dies macht die Qualität dieser Beziehung für uns aus und wird permanent im Kontakt zu anderen Menschen von uns reaktiviert und genutzt. Man könnte auch sagen: Die Qualität unserer frühesten Beziehungen prägt die Art und Weise, wie wir der Welt gegenübertreten und sie wahrnehmen.

In der Psychotherapie erweist sich die Arbeit an diesen Beziehungsmustern oftmals als zäh und langwierig, da diese Muster so früh und so tief im Nervensystem abgespeichert sind. Gleichwohl ist die Arbeit an diesen unbewussten Mustern der entscheidende Faktor in Psychotherapien und bedingt, dass nur die Arbeit an der Beziehung für uns nachhaltig wirksam sein kann.

---

[4] Kommunikationsmodelle und Kommunikationstheorien verweisen hierzu beispielsweise auf die unbewussten Botschaften in der Kommunikation, bekanntes Allgemeingut ist auch das ‚Eisbergmodell' der Kommunikation, dem zufolge etwa 2/3 der Kommunikation unbewusst stattfinden („Der Ton macht die Musik.").

Frühling

Ein etwa 40-jähriger Facharbeiter berichtet seinem Therapeuten verwundert, seine Vorschläge und Ideen, die er selbst durchaus für innovativ und progressiv halte, würden von seinen Kollegen nicht wahrgenommen oder aber auch nicht ernst genommen.

In der längeren Therapie des Patienten wird hierzu deutlich, dass er als vom Vater unerwünschtes Kind, das von diesem auch wegen seiner Intelligenz gefürchtet wurde – hatte doch der Vater Angst, der Sohn könne klüger und erfolgreicher als er selbst werden – schon nicht ernst genommen wurde und in einer Familienatmosphäre aufwuchs, in der er übergangen und mit seinem klugen Intellekt nicht wahrgenommen wurde.

An dieses Muster dergestalt gewöhnt, dass er es nicht hinterfragen konnte – wie im Übrigen typisch für die Muster der Kindheit, die oftmals erst im Erwachsenenalter verstanden werden können – vermittelte dieser Mann unbewusst in der Kommunikation zu Kollegen und Vorgesetzten diese innere Haltung und erzielte damit die bereits wohlbekannten Reaktionen.

Frühling

Voraussetzung dafür, dass ein Kind mit dem Gefühl, verstanden zu werden und ein eigenes Selbst zu entwickeln, aufwachsen kann, ist, dass seine Mutter seine Äußerungen versteht – in dem Sinne, dass sie ihm mit einem verstehenden Gefühl begegnet und ebenso eine verstehende Reaktion folgen lässt.

Wenn die Gefühle hinter der Motorik und den Lautäußerungen des Kindes hingegen nicht empathisch von der versorgenden Person aufgenommen werden, und diese nicht adäquat handelt, kann das Kind keine angemessenen Muster verinnerlichen. Diese frühen Konflikte können sich später als körperliche oder seelische Erkrankungen äußern.

Ein etwa 50-Jähriger, beruflich erfolgreicher Mann berichtet, dass seine allergische Hauterkrankung durch dermatologische Behandlung nicht in den Griff zu bekommen sei. In einer fortgeschrittenen, psychoanalytischen Behandlung, die intensiv, mit zum Teil 3 Stunden in der Woche durchgeführt wird, fällt ihm in einer der Stunden ein Bild ein, in dem er sich bei einer alten Frau in der Wiege liegen sieht und spürt, dass diese ihn nicht verstehen kann. Während er dies berichtet, bekommt er ein Gefühl, als würde er fiebrig erkranken.

Frühling

An diesem Beispiel ist gut zu erkennen, wie frühe Gefühle des Nicht-Verstanden-Werdens und des Verlassen-Seins sich symbolisch als Bild (des Kindes in der Wiege) äußern und sich gleichzeitig als Reaktionen des Körpers, besonders des Immunsystems, einstellen können. Deutlich wird auch, welche Zeit es benötigt, um an solche tieferen Schichten und Erlebensweisen des Menschen zu gelangen, sind diese doch über Jahre und Jahrzehnte von weiteren Schichten seelischen Erlebens überdeckt worden.

Je mehr ein Kind eine versorgende, liebende und verstehende Beziehung verinnerlichen kann, und je mehr es dem Kind möglich gemacht wird, diese frühen nicht-verbalen Erlebensweisen mit Worten zu benennen, desto besser stehen die Chancen, dass es sich später selbst innerlich stabilisieren und verstehen kann.

Die Fähigkeit durch Sprache innere Zustände zu benennen und auszudrücken ist ein wichtiger Entwicklungsschritt. Erst dadurch können wir über uns selbst nachdenken und sprechen. Wir stellen so etwas wie innere Ruhe her. Das macht den Intellekt und die Handlungsfähigkeit des menschlichen Geistes aus.

Frühling

Alle Affekte und Gefühle, die wir spüren, aber nicht benennen können, und denen wir dennoch ausgeliefert sind, verursachen Ängste, Konflikte, manchmal auch impulsive Erlebens- und Verhaltensweisen. Diese finden sich auch immer hinter der psychosomatischen Erkrankung.

Keiner Mutter und keinem Vater gelingt es je, ein Kind maximal einfühlend, liebevoll und adäquat zu verstehen und zu begleiten. Doch wenn die positiven Beziehungserfahrungen deutlich überwiegen, hat das Kind gute Chancen, ein seelisch und damit auch körperlich stabiler Erwachsener zu werden.

Mütter, die selbst schwer depressiv sind, können die erforderliche Empathie und eine eigene, mütterliche, seelische Identität nicht zur Verfügung stellen, selbst wenn sie ihr Kind gut versorgen. Sie sind nicht in der Lage, ihrem Kinde Gefühle ausreichend zu spiegeln.

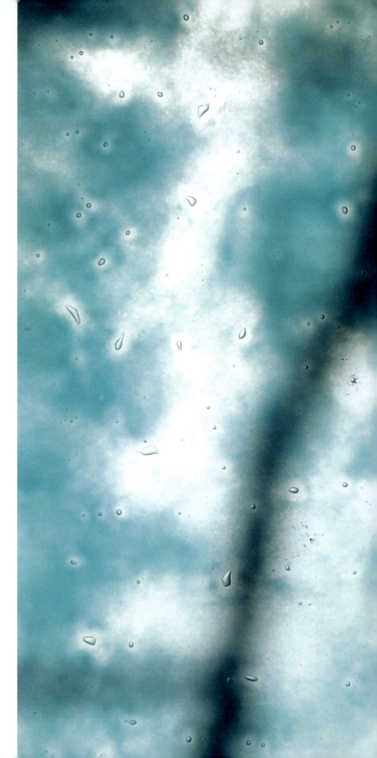

Frühling

Das Kind kann dann keine ausreichende innere Identität entwickeln: Dort, wo der Kern seines Selbst reifen wollte, bleibt eine Leere, die es alleine nicht mehr füllen kann.
Meist werden diese Kinder früher oder später selbst psychisch krank, beispielsweise depressiv.

Zentrale Entwicklungsaufgabe des kleinen Menschen ist es, ein gutes Selbstwertgefühl zu entwickeln und es steuern zu können.

Dazu gehören Freude und Stolz über Erfolg.

Dazu gehört aber auch die Fähigkeit bei Abwertung und Kritik ein gesundes Gefühl für den eigenen Wert zu bewahren, über sich selbst kritisch nachzudenken und das aushalten zu können.

Und dazu gehört die Fähigkeit Menschen, die einem negativ begegnen, in ihrer Ganzheit zu sehen:
„Dieser Mensch, der mich abwertet und kritisiert, hat auch gute Seiten."

Frühling

Eine weitere Aufgabe, die uns Menschen unser Leben lang begleitet, ist die Entwicklung unserer Autonomie.

Schon mit dem Drängen aus dem Leib der Mutter wird dieser so zentrale Konflikt des Menschen deutlich: Einerseits gibt es in uns allen den Wunsch, gewärmt und versorgt zu bleiben, quasi wie im Mutterleib, andererseits streben wir von Anfang an danach, unseren eigenen Weg zu finden und zu gehen: Früher oder später reißen sich die Kinder von der Hand der Eltern los, früher oder später ziehen sie aus.

Die Aufgabe der Eltern hierbei ist, diese Entwicklung der Autonomie ebenso wie das gute Gefühl, mit dem eigenen Wert zufrieden sein zu können, möglich zu machen. Einerseits, indem sie nicht zu sehr beschränken, andererseits indem sie ihren Kindern helfen, die Realität adäquat einschätzen zu lernen. Dabei gilt es, dass die Eltern nicht unrealistisch loben oder zu sehr begrenzen, etwa, weil sie Angst vor der Unabhängigkeit des Kindes haben oder sich selbst ängstigen.

Frühling

Unsere spätere körperliche Gesundheit hängt wesentlich davon ab, inwieweit Gefühle in die kleine, sich entwickelnde Seele integriert und stabil und adäquat in der seelischen Struktur verankert werden können – und inwieweit die Konflikte, die im Zusammensein von Eltern und Kind unvermeidlich sind, auf gute Weise geklärt und gelöst werden können.

Ungelöste Konflikte aus der Trotzphase können sich beispielsweise in Atemnot äußern, Konflikte aus späteren Phasen in Lähmungserscheinungen ohne körperliche Ursachen. Der innere Konflikt, bei Überforderung angemessen „Nein" sagen zu können, kann sich in Verspannungen zeigen und wiederum ganz anders geartete, sehr frühe Konflikte in rheumatischen Schüben.

Der Psyche steht eine Vielzahl von körperlichen Reaktionsmöglichkeiten zur Verfügung, man denke nur an die vielen Formen von Kopfschmerz, Schwindel, neurologischen Erkrankungen, Herzängsten, Atemstörungen, Bauchschmerzen und Gelenks- und Rückenschmerzen.

Frühling

Seit Sigmund Freud wissen wir, dass der kleine Mensch nicht nur die beschriebenen Konflikte zu bewältigen hat, sondern auch biologisch vorgegebene Entwicklungsphasen durchläuft.
Deren Kenntnis ist aus der psychotherapeutischen Diagnostik nicht mehr wegzudenken, geben doch Anzeichen verbliebener und nicht gelöster Entwicklungsaufgaben wichtige Hinweise darauf, wo ein Mensch innerlich in seiner Entwicklung steht oder stehengeblieben ist.

So folgt nach der ersten Entwicklungsphase, in der die Versorgung die entscheidende Rolle spielt und somit die Zone des Mundes große Bedeutung hat, eine zweite Phase, in der es um die Entwicklung „des eigenen Willens" und dessen Durchsetzung geht. Verhaltensweisen wie die Befriedigung durch Orales zeigen also Defizite aus der ersten Entwicklungsphase auf: etwa Störungen des Körpergewichtes oder Bedürfnisse, das Gewicht zu kontrollieren. Das Nicht-Loslassen-Können ist hingegen beispielsweise ein Zeichen für Störungen der zweiten Phase.

Frühling

Mit vier bis fünf Jahren beginnt die „ödipale Entwicklung": Das Kind muss sich nun mit dem gleichgeschlechtlichen Elternteil identifizieren und einen versöhnlichen, inneren Abschied von der Versorgung der Kleinkindzeit finden.
In dieser Phase werden die zarten Wurzeln für die spätere, erwachsene Position gefestigt und das Eintreten in die weiteren Entwicklungsphasen kann beginnen.

Eine der wesentlichen Entwicklungsoptionen dieser Phase ist die innere Möglichkeit, die Position des „Dritten" anerkennen und leben zu können: So können Kinder, die ihre ersten Entwicklungsphasen stabil durchlaufen haben, akzeptieren, dass es auch zwischen den Eltern eine Beziehung gibt, dass die Eltern eigene Bedürfnisse haben. Ebenso können sie annehmen, dass die Menschen und die Geschlechter verschieden sind, und dass manches im Leben Aufschub erfordert.

Auch lernen die Kinder ihren Platz in der Familie und in der sozialen Umgebung kennen und nehmen ihn ein.

Frühling

In den vergangenen Jahrzehnten wurde eine Vielzahl kluger und in der Praxis nutzbarer Modelle zur seelischen Entwicklung von Kindern vorgelegt.
Der ganz wesentliche Schritt in dieser Entwicklung ist der Übergang von einem gegenständlichen Denken in die Fähigkeit, gedanklich zu abstrahieren:
Für das Kind macht es auf einmal einen Unterschied, ob ein zum Spaß versteckter Gegenstand tatsächlich verschwunden oder aber nur nicht sichtbar ist. Diese gedankliche Leistung ist ebenso wesentlich, wie es später für den Erwachsenen wesentlich ist, in einem Streit mit dem Partner, die Angst, es könne zu einer Trennung kommen, unterscheiden zu können von dem von dem Gedanken an die Möglichkeit einer tatsächlichen Trennung.

Kinder, die aus früheren Lebens- und Entwicklungsphasen konfliktbehaftet und nicht ausreichend seelisch gereift in die jeweils nächste Entwicklungsphase treten, finden sich später als Erwachsene mit Konflikten wieder, die sich noch vervielfältigt und verstärkt haben – denn wenn eine Entwicklungsphase schon nicht stabil bewältigt werden kann, so kann die nächstfolgende noch weniger gut gelingen.

Menschen, die von Anbeginn an nicht ausreichend verstanden und geliebt wurden, zeigen seelische Entwicklungsstörungen aus allen Phasen der seelischen Entwicklung,

Frühling

beispielsweise Persönlichkeitsstörungen, Essstörungen, Depressionen oder weitere psychosomatische Erkrankungen.

In schwierigen Situationen reagieren diese Menschen dann auch mit spezifischen, seelischen Abwehrmechanismen. Die unbewusste Angst, einen anderen zu verlieren, kann mit einem Ausblenden der Realität, mit völlig überhöhten Vorstellungen von der eigenen Position, mit einem Erleben in „Schwarz-Weiß" verbunden sein – oder mit dem oftmals nicht leicht zu erkennenden Mechanismus der Projektion: Dem Gegenüber schreiben wir dann Eigenheiten und Verhaltensweisen zu, die eigentlich aus unserem Inneren stammen, die wir aber dort nicht ertragen können.

Die Angst vor dem Fremden mag hier als Beispiel genannt sein: Eigene unbewusste Ängste, zu wenig zu erhalten, ein anderer, der Fremde, könnte bevorzugt werden, und die Wut darauf, die aber nicht bewusst sein kann, werden in die Vorstellung über den anderen, der sodann als Feind, der mehr erhält, der wegnimmt etc., projiziert. Diese Mechanismen sind hochwirksam und innerlich entlastend, wenngleich nicht bewusst und lassen sich in Gruppen (bspw. Parteien) ebenso häufig antreffen (bspw. in Vorurteilen über bestimmte Bevölkerungsgruppen oder Zuwanderer) wie in Einzelpersonen.

Frühling

Wenn die seelische Struktur bruchstückhaft und unzureichend stabil und strukturiert angelegt ist, kann dies auch zu Erkrankungen führen, die mit einem zeitweisen Verlust der Fähigkeit einhergehen, geordnet zu denken und zu erleben. Die davon betroffenen Menschen werden in solchen Momenten von Gefühlsfragmenten überschwemmt, oder projizieren diese unerträglichen Gefühle komplett nach außen: Sie fühlen sich verfolgt oder hören Stimmen. Diese Phänomene werden als Krankheitsbilder des schizophrenen Formenkreises zusammengefasst.
Sie benötigen professionelle und nahezu immer langfristig angelegte Unterstützung.

Erst in den letzten Jahren hat sich gezeigt, wie sehr die Rolle eines zuverlässigen, stabil anwesenden Vaters für das Kind unterschätzt wurde. In Zeiten, in denen Väter beruflich gefordert und nicht in der Familie anwesend sind, werden Kinder unruhig, körperlich krank, körperlich inaktiv, oder sie sind den neuen Medien zu sehr ausgesetzt. Später im Leben suchen diese Kinder unsicher nach Orientierung auf ihren Wegen. Übrigens gilt dies in gleicher Weise für Jungen und Mädchen: Beide benötigen einen starken Vater.

Viele Kinder, deren Eltern keine ausreichende innere Ruhe finden und keine ausreichende Zeit mit ihnen verbringen, können ihre Affekte und Gefühle nicht ausreichend verinnerlichen. Sie zeigen dann Symptome wie Konzentrations-

Frühling

störungen und Hyperaktivität. Eine Gesellschaft, die es vermeidet, die unangenehmen und zeitaufwändigen Betrachtungen zur Ursache solcher Unruhe zu reflektieren, eine Pharmaindustrie, die vom Verkauf entsprechender Substanzen profitiert, und Väter, die nicht ausreichend Sicherheit und motorische Fertigkeiten vermitteln können, bilden eine Kombination, die zum sprunghaften Anstieg des Krankheitsbildes des Aufmerksamkeits-Defizit-Hyperaktivitäts-Syndroms ADHS beiträgt.

Ebenso stehen viele Kinder heute unter einem enormen Erfolgsdruck. Es bleibt ihnen kaum oder keine Zeit, sich motorisch und in eigener Fantasie zu erproben und hierbei unterstützt und gefördert zu werden.

Wir müssen abwarten, wie sich zukünftige Generationen der Kinder, die früh in Krippen betreut und früh in die Leistungsgesellschaft integriert werden, entwickeln – gerade, wenn sie zudem erleben, dass ihre Eltern vor allem an der eigenen Karriere arbeiten. Besonders die Mütter scheinen hier in einem latenten Konflikt, einen Weg für sich und ihr Kind finden zu müssen.

So manch knorriger und deformierter Baum kommt einem dann als inneres Bild in den Sinn, wenn man sich die frühen Lebensjahre mancher Menschen vergegenwärtigt und deren Leiden als Erwachsene erlebt und betrachtet.

Entscheidend für alles Verhalten, Denken und Fühlen des Menschen ist, dass er von einem großteils unfassbaren, ungeheuer komplexen und bis zur letzten Minute unseres Lebens ständig aktiven Unterbewusstsein gesteuert und beeinflusst wird.
Es ist eine Illusion zu glauben, dass wir unabhängig von unserem Unterbewusstsein entscheiden und handeln können.

Sommer

Sommer

Mit dem Beginn der Schulzeit folgen die Jahre, die wir mit kräftigem Wachstum, der Entwicklung von Ästen, einer Krone und einer ersten Blüte vergleichen dürfen.

Nach der „Latenzzeit", die bis zum Beginn der Pubertät anhält, sodann aber durch eine lebhafte und nochmals tiefgehende Entwicklungsphase abgelöst wird, folgt die heftige Bewegung der Seele hin zum Sexuellen. Wir streben hin zum eigenen Weg, fort von den Eltern, oftmals begleitet durch große Ideen, einer Überschätzung des Selbst oder auch von tiefer Melancholie.

Gleichzeitig ist diese Entwicklungsphase eine große Chance, die Beziehung zu den Eltern und zu sich selbst zu korrigieren und nochmals neu und anders zu erleben. Der Selbstwert kann neu definiert und stabilisiert werden und wir haben die Gelegenheit, Entwicklungsdefizite aus früheren Phasen ein gutes Stück zu kompensieren.

Auf dem Weg, der sich nun abzeichnet, müssen wir uns damit versöhnen, dass unsere Ideale in der Realität nicht zu verwirklichen sind – diese Auseinandersetzung macht einen guten Teil des Erwachsenwerdens aus.
Dies bedeutet aber nicht, dass das neugierige Streben nach lustvollen, realistischen Idealen nicht ein guter Motor für ein erfolgreiches Fortkommen sein kann: Manch eine innovative Idee entsteht in genau dieser Zeit des Heranwachsens.

Sommer

Nach heutigem Wissensstand ist unser biologisches Geschlecht zwar festgelegt, aber unsere sexuelle Identität ist ebenfalls ein Ergebnis der frühen Interaktionen unserer Säuglingszeit. Unsere ersten Bezugspersonen prägen diese unbewussten Beziehungsmuster durch ihre eigene Haltung und (sexuelle) Identität so, dass sich der Umgang mit dem Sexuellen und der sexualisierte, erotische Umgang mit dem Körper bereits in die unbewussten seelischen Strukturen des Säuglings und des Kindes einschreiben, ebenso wie alle anderen Interaktionssequenzen.

Deswegen kann man heute davon ausgehen, dass unsere individuellen erogenen Zonen ebenso wie unsere sexuelle Identität und unsere Sexualität von Mensch zu Mensch unterschiedlich sind und erlebt werden.

Im günstigen Fall öffnet sich der jugendliche Mensch jetzt zunehmend für sein soziales Umfeld, er wird konstruktiv und zu einem tragenden Mitglied der Gesellschaft. Er findet seinen Platz und einen Partner für sich.

Wenn sein Selbstwert aber nicht ausreichend entwickelt werden konnte, wenn väterliche Zuwendung vermisst wurde oder auch die mütterliche Versorgung konflikthaft und unzureichend war, kann der Jugendliche ins Straucheln und in soziale Umfelder geraten, wo er unbewusst einen Ersatz für das Vermisste findet.

Sommer

Ein Beispiel hierfür sind Subkulturen, die einen Teil der Sicherheit, die die Familie nicht geben konnte, zur Verfügung stellen, aber auch Drogen und andere Substanzen, die es möglich machen, die Herausforderung einer harten, erwachsenen Realität auszublenden – mit allen bekannten, manchmal fatalen Folgen.

Ebenso zeigt sich in dieser Phase, ob es dem Jugendlichen gelingt, einen Partner, gleich welchen Geschlechts, für sich zu finden.
Manchmal zieht sich diese Entwicklung länger hin, gerade bei jungen Männern. Meist deutet sich im dritten Lebensjahrzehnt an, wie sich Persönlichkeit und Identität entwickelt haben, und erst jetzt werden die erwachsene Persönlichkeit und der weitere Weg in Ansätzen sichtbar.

Sommer

**So wie der junge Baum nicht nur zu Beginn mit wenigen Blättern gute Bedingungen für sein Wachstum benötigt, braucht auch der Mensch die richtigen Bedingungen für ein gutes Heranwachsen:
Mit der Begleitung bis zur Schulzeit ist es nicht getan.
Während der seelisch turbulenten Entwicklungsjahre bis zum Erwachsenwerden sind die Eltern noch einmal besonders gefragt.**

Freilich müssen diese nun in reiferer und erwachsenerer Weise, aber mit dem gleichen Feingefühl, begrenzen, benennen, begleiten und fördern können – eine nicht immer einfache Aufgabe.
Gelingt sie aber, entwickelt der junge Mensch viele und reich blühende „Äste", und die Zeit zwischen Kindsein und Erwachsenwerden trägt nun bestenfalls die ersten Früchte.

Sommer

Der junge Mensch wird es nun dem Vorbild seiner Eltern gleich oder ähnlich tun, oder aber er wird zunächst in Abkehr von diesem Vorbild seinen Weg in die Unabhängigkeit gehen. Er wird seine berufliche und persönliche Identität – beide untrennbar verbunden – für sich finden und weiterentwickeln, vielleicht selbst eine Familie gründen. Freilich sind hierbei viele Hürden zu nehmen, bei deren Bewältigung die Eltern noch hilfreich sein können.

Langfristig tun wir es unseren Eltern auf eine ganz eigene Weise gleich.
Wenn wir Eltern haben, die uns gute Vorbilder waren, ist das eine gute Option für den eigenen Weg.

Herbst

Herbst

Nun hat der Baum seinen Platz gefunden, seine Äste entwickelt, mehrfach geblüht und zur Vermehrung beigetragen. Er beginnt, Wunden an der Rinde zu zeigen. Manch älterer Ast trägt kaum mehr Blätter und die Rinde wird rauer und ist zunehmend von Flechten und Moosen bedeckt.
Noch immer steht der Baum sicher und fest und trotzt dem Wetter – aber man kann erahnen, was kommen wird.

Während er seine eigenen Kinder aufwachsen sieht und seinen eigenen Weg festigt, wird dem Menschen etwa in der Lebensmitte bewusst, dass seine Zeit und sein Leben endlich sind. Ihm wird immer deutlicher, dass auch ihm von Anfang an vorausbestimmt ist, eines Tages zu sterben. Bereits in den ersten Lebenstagen sterben Zellen im Organismus ab und weisen darauf hin, in welch fragilem Gleichgewicht wir uns befinden[5].
In dieser Lebensphase stellen wir uns noch einmal intensiv die Frage, wie wir die verbleibende Zeit nutzen sollen – und wir fragen uns auch, wie wir die bisherige Zeit genutzt haben.

Manche von uns verlassen nun ihren bisherigen Weg, suchen sich neue Partner oder eine neue berufliche Tätigkeit. Andere werden durch die Entscheidung ihrer Partner in solche Situationen gebracht. Diese Suche nach neuer Orientierung nennen wir häufig „midlife crisis".

---

[5] Sowohl ein Ungleichgewicht nach der einen (Absterben zu vieler Zellen), als auch ein solches zur anderen Seite hin (wucherndes, nicht mehr kontrollierbares Zellwachstum) führen zum Untergang.

Herbst

Auch hier zeigen sich nun wieder die seelischen Fundamente aus der frühen Zeit unserer Entwicklung. Erweisen sie sich als ausreichend stabil, um die neuen Aufgaben zu bewältigen? Oder sind sie zu wenig belastbar, sodass wir schwere psychische Erschütterungen erfahren?

Depression, psychosomatisches Erkranken, der Fall in die Sucht oder andere Mechanismen können nun Zeichen sein, dass wir alleine so nicht mehr weiterkommen.
Freilich ist es nun – um weiter beim Vergleich mit dem Baum zu bleiben – nicht ausreichend, Blattglanz und Zuschnitt zur Verfügung zu stellen. Meist bedarf es einer genauen Analyse des Standortes, der Geschichte und des Wurzelwerks, um hier heilsam hilfreich sein zu können.

Herbst

Während einer schweren, bösartigen Erkrankung wird eine etwa 50-jährige Frau von ihrem Mann mit der Begründung, er wolle die zweite Lebenshälfte „nicht neben einem Pflegefall verbringen" verlassen. Rasch wird deutlich, dass sie neben schweren Schlafstörungen und allen Symptomen einer Depression nun auch völliger Rat- und Perspektivlosigkeit ausgesetzt ist. In der genaueren Betrachtung des ‚Wurzelwerkes' wird dabei deutlich, dass die Mutter dieser Frau etwa ab dem 3. Lebensjahr dieser Frau zunehmend schwer erkrankte, sich in den folgenden Jahren um das Mädchen kaum mehr kümmern konnte und schließlich verstarb, als die Frau etwa 15 Jahre alt war.
Es wurde somit deutlich, dass zu wenig innere Sicherheit, zu wenig eines Sicherheit und Halt vermittelnden, inneren Objektes verinnerlicht werden konnte und die weitere Entwicklung als erwachsene Frau in der Krisensituation nicht mehr möglich war. Vielmehr verwies die umfangreiche Symptomatik auf nicht gelöste, frühere und frühe Entwicklungsaufgaben zurück.
Eine analytische Psychotherapie konnte ihr hier im Laufe einiger, weniger Jahre dazu verhelfen, die eigene Entwicklung im Rahmen einer zuverlässigen, Halt und Vertrauen gebenden, psychotherapeutischen Beziehung wieder fortzusetzen, nochmals an der eigenen Identität, an den eigenen Zielen zu arbeiten, wieder Hoffnung zu schöpfen und letztlich auch, die schwere, körperliche Erkrankung ganz zu überwinden.

Herbst

Manche Menschen wurden in ihrer Kindheit und/oder Jugend seelisch so verletzt, dass im fortgeschrittenen Erwachsenenalter ihr seelisches Gefüge zusammenbricht. Früher oder später können sie sich nicht mehr ausreichend spüren und beginnen, sich selbst zu verletzen. Oder sie können Beziehungen nicht länger halten oder ausfüllen, erleiden Erinnerungen an ihre Verletzungen, die sie überfluten und sich nicht stoppen lassen und ihren Lebenslauf unterbrechen.

Ohne professionelle Hilfen kommen diese Menschen meist nicht mehr weiter. Es ist ein Glück, dass heute so zahlreiche adäquate und hilfreiche Möglichkeiten angeboten werden können.

Winter

Winter

Das Leben des Baumes neigt sich dem Ende zu. Er trägt noch einmal Blätter, einige Äste hat er bereits verloren, der eine oder andere Verfallsprozess hat begonnen.

Hauptaufgabe des Menschen in den letzten Abschnitten seines Lebens ist es, sich mit der Realität des Vergehens und des Todes auseinanderzusetzen und eine Haltung dazu zu finden, die ihn nicht ängstigt oder quält.
Und dies ist das Schwierigste am Leben überhaupt, will der Mensch doch, wann immer nur möglich, verdrängen, was am Ende kommt. Neigen wir nicht alle dazu, uns vorzumachen, wir würden nicht wie alle anderen alt und krank und dann schließlich auch sterben?
Manchen gelingt diese Auseinandersetzung aus einer religiösen Haltung heraus, andere können sich im Familienkreis, in einer Sicherheit und Halt gebenden sozialen Umgebung, mit dem absehbaren Weg abfinden.

Ein fruchtbarer Weg ist, die eigenen langjährigen Lebenserfahrungen in die Gesellschaft einzubringen. Wir ermöglichen uns dadurch eine kluge und reflektierende Rückschau auf den eigenen Lebensweg. Wir können die eine oder andere Entscheidung gelassener treffen. Und wir können bewährtes Wissen mit mehr Distanz und Gelassenheit weitergeben.

Winter

Das Nachlassen der körperlichen Kraft, die Tatsache, dass Schmerz und Immobilität zum Leben gehören, der Verlust der Hör- und Sehkraft, das Aufgeben der bisherigen Kompetenzen – das sind nur ein paar der Aufgaben, die wir im Alter zu bewältigen haben. Schuldgefühle und Selbstvorwürfe, die nicht ausreichend bedauert und verarbeitet werden konnten, soziale Verhaltensweisen und Konflikte, die nun zu Isolation führen, und der Tod wichtiger Bezugspersonen, belasten unser seelisches Erleben dann oft schwer. Gerade Menschen der Kriegsgeneration werden in hohem Alter depressiv und können ihre Ängste und alten Erinnerungen nicht mehr bewältigen.

Gleichwohl fällt es älteren Menschen noch schwerer, sich die erforderliche professionelle Hilfe zu holen. Sie fühlen sich bei erheblich jüngeren Therapeuten nicht immer ausreichend aufgehoben und verstanden, und schämen sich, ihre Ängste, ihre Depression oder auch ihre körperliche Schwäche anzusprechen.

Winter

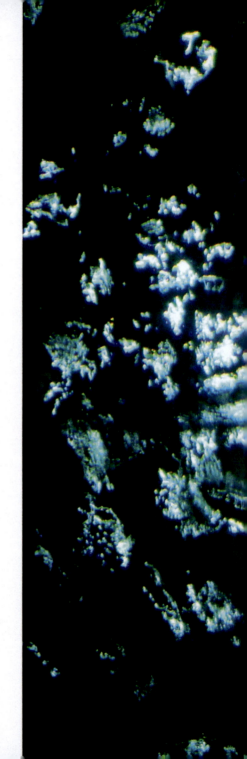

Erst nach mehreren Anläufen, die sich über mehrere Jahre hinziehen und in denen zunächst immer wieder vordergründige Konflikte als Ursachen für Schlafstörungen und Unruhezustände beschrieben werden, gelingt es einer mittlerweile 86-jährigen Frau, über ihre Bedürfnisse nach Nähe und Sexualität zu sprechen. Zwar gelingt es immerhin, ihr hierbei zu vermitteln, dass solche Bedürfnisse im höheren Lebensalter nicht nur normal, sondern sogar von besonderer Bedeutung sind, jedoch lässt sie sich auf Grund der Schamgefühle, ihrem Therapeuten gegenüber, nicht auf weitere Sitzungen ein.

Bereits im Kapitel über den Frühling des Lebens wäre ein Blick auf unser menschliches Gedächtnis interessant gewesen – aber auch und gerade in der Beschäftigung mit den letzten Lebensabschnitten spielt das Gedächtnis eine besondere Rolle.
Wir wissen heute, dass das Gedächtnis nicht ein einfaches Abspeichern von Erlebtem oder von Information ist, so wie wir das beispielsweise am Computer vornehmen.
Vielmehr wird kein Inhalt des Gedächtnisses ohne einen Gefühlsanteil und ohne ein Beziehungsmoment abgespeichert. Deswegen machen wir immer wieder die Erfahrung, dass wir uns viel leichter erinnern können, wenn wir unser Wissen mit einer Gefühlserfahrung, einem Duft oder einer Farbe, verbinden.

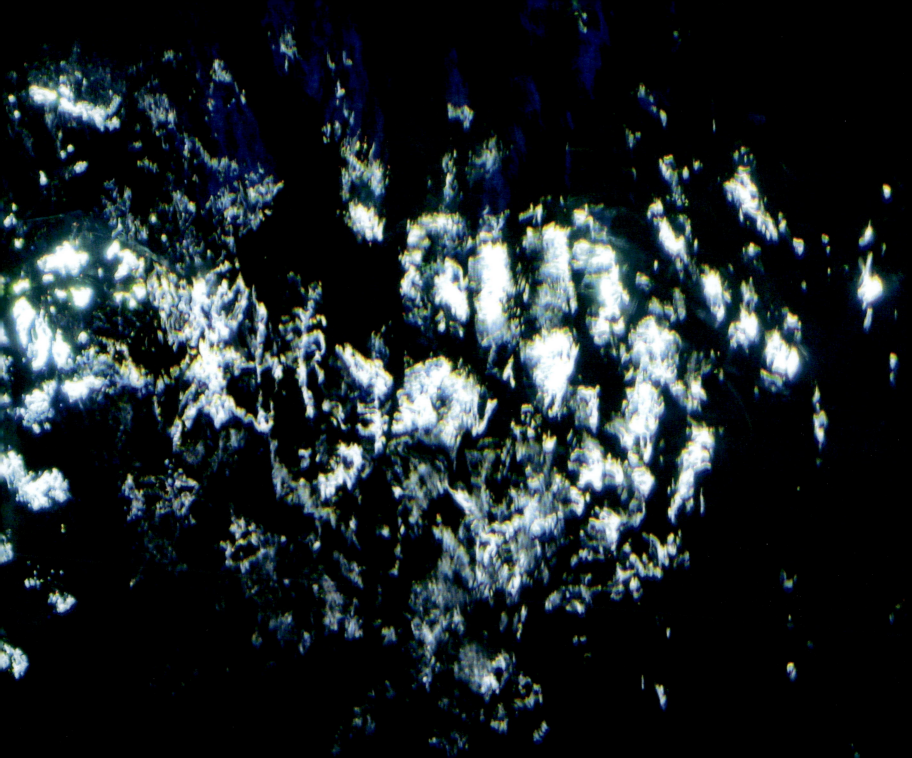

Winter

Gleichzeitig ist unser Gedächtnis nicht starr, sondern wird ständig flexibel unserem inneren Gleichgewicht angepasst, damit unser Leben und unser Erfahren erträglich bleibt.
Dadurch „verschönert" sich die eine oder andere Erfahrung: Manche Kinder können berichten, dass ihre Eltern sich an einst als schwierig erlebte Situationen nicht mehr als solche, sondern „rosa eingefärbt" erinnern.
Ähnliches kommt bei Unfallzeugen vor, die einander häufig widersprechen, weil sie das Unfallerleben subjektiv beschreiben, von der eigenen inneren Haltung „gefärbt".

Am Ende des Lebens geht es daher für den alt werdenden Menschen auch darum, die eigenen Erinnerungen nochmals zu bilanzieren, und nichts ist spannender, als dies gemeinsam mit den Weggefährten zu tun, sich der Schwächen und Unzulänglichkeiten von damals bewusst werden zu können, aber auch das verbliebene Schöne zusammen erleben zu können.

Winter

Eine wertvolle Möglichkeit, das Leben für sich gut abzuschließen, ist außerdem die bewusste Versöhnung mit dem eigenen Weg – verstanden als die versöhnliche Erinnerung an das Erlebte und als die spirituelle Versöhnung mit der Natur, auch mit der eigenen Sterblichkeit.

**Das Alter ist die Zeit in der wir Menschen spätestens den Mut finden, zu sein, wer wir wirklich sind. Die biologische Wirklichkeit und Endlichkeit „zwingt" uns gewissermaßen, dass wir uns mit dem eigenen So-Sein auseinandersetzen und möglicherweise sogar unseren Frieden damit machen.
Freilich wünschen wir uns dann auch häufig, dass uns das früher gelungen wäre.**

Die seelische Entwicklung des Menschen ist nie zu Ende. Die Seele altert nicht – vorausgesetzt unser Gehirn bleibt gesund.

Winter

Sein Leben lang ist der Mensch gefordert, Hindernisse und Untiefen zu überwinden, Lösungen zu finden und mit der eigenen seelischen und körperlichen Unzulänglichkeit zurechtzukommen. Diese Herausforderung nimmt zu, je älter wir werden.

Und um wie viel schwerer fallen diese Aufgaben einem Menschen, wenn ihm schon in jüngeren Jahren ein stabiles, seelisches Fundament verwehrt wurde, wenn er seelisch verletzt wurde, wenn seine Ausgangsperspektive bereits vor der Geburt erheblich getrübt wurde. Gefühle der Verbitterung, des Mürrisch-Seins, der Wut oder des Hasses, verhindern die Bewältigung der Anforderungen an ein gutes Altern.

Gerade diese Menschen bedürfen besonderer Beziehungsangebote, von Zuwendung, Sicherheit und Professionalität getragen, um ihren Lebensweg gut zu Ende zu gehen.
Einem Baum würde man hierzu eine Verbesserung des Bodens, Dung und Nahrung, stützende Pfähle, eine Auslichtung der Umgebung und Schutz vor Unwetter, Frost und anderen Gefahren zukommen lassen.

Neues Erwachen

Neues Erwachen

Kaum eines Menschen Seele ist nicht wenigstens einmal im Leben von Schmerz, Leid, Trauer oder Verletzung beeinflusst und gezwungen, einen Umgang mit diesen, manchmal existenziellen Einflüssen zu finden.

Bereits zu Beginn des Lebens gilt es, den unbewussten Kompromiss zwischen den eigenen Bedürfnissen und den Anforderungen der Eltern, der ersten Bezugspersonen, zu gestalten und zu verinnerlichen – und dieser Weg der Kompromisse, des Kompensierens von Konflikten setzt sich sodann bis zum Tode fort.

Das früh erforderliche Integrieren in die familiäre und die soziale Umgebung, das Eingehen einer Partnerschaft, das Arrangieren mit den Wünschen und Autonomiebestrebungen der eigenen Kinder, der Verlust dieser Kinder, wenn sie selbst autonom werden und der Umgang mit dem Altern und mit dem Krankwerden – all dies sind die Aufgaben, die unsere Psyche im Laufe des Lebens zu bewältigen hat.

Zugleich müssen wir uns auch mit den Defiziten des Alterns, mit dem zunehmenden Bedeutungsverlust, dem alternden, „hässlicher" werdenden Körper und den körperlichen und seelischen Funktionsverlusten konstruktiv auseinander setzen und abfinden. Hierzu ist Kreativität erforderlich, die sich aus umfangreicher Lebenserfahrung speist. Im Alter bieten sich uns dabei Möglichkeiten, die jungen Menschen so nicht zur Verfügung stehen: Wir finden Entlastung durch

Neues Erwachen

das Nachlassen des Triebhaften, wir gewinnen Zeit und inneren Raum, weil unsere Motorik und unsere Mobilität nachlassen – und wir können schwierige Entscheidungs- und Konfliktsituationen kompetenter lösen, weil wir auf unser umfangreiches Erfahrungswissen zurückgreifen können.

Hat die Psyche in den ersten Beziehungen ein stabiles, liebendes Fundament – ein fundiertes, sturmerprobtes, emotionales Wurzelwerk – gefunden, dann hat sie ausreichend emotionale „Nährstoffe" erhalten: Liebe, Stärkung des Selbstwerts und die Ermunterung, Eigenes zu entdecken und zu leben. Auf dieser Grundlage mag eine stabile, beruflich und in den Beziehungen erfolgreiche Existenz gelingen, die auch die Erschütterungen des Lebens, die schicksalhaften Stürme unserer Existenz, überwindet, und selbst das Alter ertragen helfen kann. Bei einer Vielzahl von Menschen gelingt dies jedoch nur unzureichend.

Gut zwei Drittel aller Menschen, die von dem heute reichhaltigen Angebot an Unterstützung Gebrauch machen und sich einer Psychotherapie unterziehen, profitieren davon. All denen, die noch fragen, straucheln, zweifeln oder sogar verzweifeln, kann nur herzlich angeraten werden, sich einem solchen Hilfsangebot anzuvertrauen. Die Wahrscheinlichkeit, dass innere Veränderungen, anders als bei einem ausgewachsenen Baum, möglich werden und eine bessere oder meist sogar gute Lebensqualität erreicht wird, ist sehr hoch.

Neues Erwachen

Manche Verletzungen sind so tief und früh angelegt, dass eine alleinige oder einmalige Psychotherapie nicht reicht, um ein Leben in Qualität und Zufriedenheit zu ermöglichen. Deshalb sei hier auf die umfangreichen Möglichkeiten der modernen Psychotherapie und der Psychiatrie, insbesondere der modernen Medikation verwiesen.
Diese hat schon vielen Menschen in schwerer und schwerster Depression, in psychotischem Erleben oder bei starker Angst gute Dienste geleistet und ein lebenswerteres Leben möglich gemacht.

Wandern wir mit offenen und aufmerksamen Augen und einer gewissen Empathie für die Natur durch den Wald, können wir bei jedem einzelnen Lebewesen, aber besonders gut bei den Bäumen, ihre Geschichte anhand ihrer „Haltung" und ihres Wuchses nachvollziehen.

Ist der eine Baum stolzer Träger einer mächtigen, jährlich üppig begrünten Krone als Ergebnis eines optimalen Zusammenwirkens aller erforderlicher Faktoren im Laufe seines Lebens, so zeigt der andere Baum vielleicht eine gekrümmte, kleinwüchsige, knorrige Gestalt.

Neues Erwachen

Eines der faszinierendsten Ergebnisse psychotherapeutischer Forschung der letzten Jahre ist die Erkenntnis, dass wir Menschen mit unserem Unbewussten, mit unserer Seele in der psychotherapeutischen Situation szenisch erkannt und verstanden werden können.
Dies beginnt bereits, wenn der Patient Minuten zu früh in die Praxis kommt, und setzt sich fort mit der Art, wie er gekleidet ist, mit seiner Sprache, seiner Körperhaltung, seiner Mimik und Gesichtsfarbe, seiner Motorik und vielen anderen Merkmalen.
Diese können nicht verborgen werden und sind für den geübten Therapeuten ebenso sichtbar, wie für den Förster die Geschichte eines Baumes.
All diese szenischen Details sind wertvolle, diagnostische Merkmale, die in einer Psychotherapie genutzt werden können.

Ebenso zeigen unsere Träume einen sicheren und oft wundervoll kreativen Weg zum Unbewussten und weisen uns nicht nur auf die Ebene der Störung, sondern auch auf unseren eigenen, inneren Stand hin.

In einer langandauernden, psychoanalytischen Behandlung war die Entwicklung einer jungen, in der Kindheit, zu Hause emotional stark vernachlässigten Frau, gut nachzuvollziehen. In den ersten Träumen befand sie sich in bedrohlichen fensterlosen, kalten „Kellerlöchern", in der weiteren therapeutischen

Neues Erwachen

Entwicklung schließlich träumte sie sich immer wieder in Gebäuden, die offene Türen hatten, keinen Schutz boten. Tatsächlich gab es auch in der Kindheit dieser Frau viele Situationen, in denen übergriffig, die Grenzen nicht beachtend, mit ihr umgegangen wurde.
Nach und nach träumte sie sich sodann immer mehr aber in einem wunderschönen Gebäude, bspw. auf einer Insel, in dem sie mit Freunden tanzte – freilich zu diesem Zeitpunkt Hinweis auf einen Wunsch hin zur Entwicklung eines stabilen, freundlichen, schützenden und in das soziale Umfeld integrierten Hauses.

Die Lebenssituation, in die wir hineingeboren werden, ist Schicksal. Was danach folgt, ist teils ebenfalls schicksalhaft, teils Glück, teils vielleicht Unglück. Erst, wenn das Gehirn und die Seele soweit gereift sind, dass wir unsere individuelle Situation verstehen lernen und überblicken können, ist es uns möglich, wenn auch manchmal nur mit den angesprochenen Hilfen, unseren Lebensweg selbst zu beeinflussen und unsere Möglichkeiten zu entdecken. Meist eröffnet sich uns diese Option im jungen Erwachsenenalter und danach.

Ein achtsamer Umgang mit uns selbst, mit unserem Selbst, ist eine wichtige Voraussetzung unseren Weg zu gehen. Der Umgang mit der Natur lehrt uns diese Achtsamkeit. Dieses Buch möchte hierzu einen Beitrag geschaffen haben.

Der Autor

Dr. med. Klaus Plab ist Facharzt für Psychiatrie und Psychotherapie sowie für Psychotherapeutische Medizin, Psychoanalytiker und Supervisor. Er lehrt Psychoanalyse und Psychotherapie in München und lebt seit längerem zeitweise auch im Bayerischen Wald.

Weitere Veröffentlichungen:

Indikationskonflikte psychodynamischer Therapien,
Kohlhammer Verlag (2011)

Liegen oder Sitzen? Plädoyer für einen psychoanalytischen Paradigmenwechsel,
Psychosozial Verlag (2014)

Psychoanalytische Psychosomatik.
Eine moderne Konzeption in Theorie und Praxis.
Vandenhoeck und Ruprecht Verlag (2016)

U. vorne	Eisfläche	52	Freyung, nächtliches Detail
4, 5	Eisfläche	53	Baum, Detail
6, 7	Totholz	54, 55	Baum, Detail
8, 9	Totholz	56, 57	Martinsklause, Pflanze, Detail
10, 11	Totholz		
12, 13	Wasserspiegelung	58	Pflanzenschatten an Baum
14, 15	Schutzgebiet	59	Baumkrone, Kerngebiet
16, 17	Kerngebiet	60, 61	Totholz mit Baumharz
18, 19	stehendes Wasser	62, 63	Wasserfläche mit Blütenstaub
20	Buchblatt, Lusenhänge		
21	Martinsklause	64	Freyung, Buchberger Leite, Pflanze, Detail
22, 23	Lusen, Winterweg		
24, 25	Eisfläche bei Kreuzberg	64, 65	Freyung, Buchberger Leite
26, 27	Holzhütte, Detail	66, 67	Weg, Detail
28, 29	Eisfläche	68	Waldkirchen, Weg, Detail
31	Glasarche, Lusensteig	69	Kerngebiet
32	Glasdetail, Brücke über die Nationalparkstrasse	70, 71	Pflanzenschatten, Detail
		72, 73	Waldhäuser, Abendstimmung
33	Eisfläche		
34, 35	Weg zur Großen Kanzel	74, 75	Filzen, Stein, Detail
36, 37	Pflanzenwuchs, Totholz, Detail	76, 77	Gräser
		78, 79	Buchen
38, 39	Hauzenberg, Granitmuseum, Fassadendetail	80, 81	Eisfläche
		82, 83	Lusensteig
40, 41	Pflanzenstrukturen hinter Glas	U. hinten	Martinsklause, Eiskristalle
42, 43	Martinsklause		
44	Freyung, Buchberger Leite, Detail		
46, 47	Eisfläche		
48, 49	Wasserfläche		
50, 51	Pflanze, Detail, hinter Glas